ANNIBAL
TRAGEDIE
EN CINQ ACTES.

16. xbre 1720.
par Marivaux.

A PARIS,
Chez NOEL PISSOT, Quay de Conty, à la descente du Pont-Neuf, au coin de la ruë de Nevers, à la Croix d'or.

M. DCC. XXVII.
Avec approbation & Privilege du Rey.

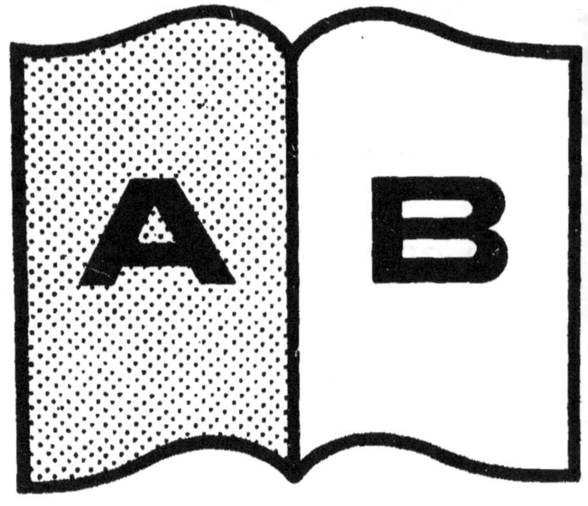

ACTEURS

PRUSIAS.

LAODICE, *fille de Prusias.*

ANNIBAL.

FLAMINIUS, *Ambassadeur Romain.*

HIERON, *confident de Prusias.*

AMILCAR, *confident d'Annibal.*

FLAVIUS, *confident de Flaminius.*

EGINE, *confidente de Laodice.*

La Scene est dans le Palais de Prusias.

ANNIBAL TRAGEDIE.

ACTE PREMIER.

SCENE PREMIERE.

LAODICE, EGINE.

EGINE.

JE ne puis plus long-tems vous taire mes allarmes,
Madame ; de vos yeux, j'ai vû couler des larmes.
Quel important sujet a pû donc aujourd'hui
Verser, dans votre cœur, la tristesse & l'ennui ?

LAODICE.

Sçais-tu quel est celui, que Rome nous envoye ?

EGINE.

Flaminius.

LAODICE.

Pourquoi faut-il que je le voye ?
Sans lui, j'allois, sans trouble, épouser Annibal.

O Rome, que ton choix, à mon cœur, est fatal!
Ecoute, je veux bien t'apprendre, chere Egine,
Des pleurs, que je versois, la secrete origine.
Trois ans se sont passez, depuis qu'en ces Etats,
Le même Ambassadeur vint trouver Prusias.
Je n'avois jamais vû de Romain chez mon pere,
Je pensois que, d'un Roy, l'auguste caractere
L'élevoit au-dessus du reste des Humains;
Mais je vis qu'il falloit excepter les Romains.
Je vis, du moins mon pere orné du Diadême,
Honorer ce Romain, le respecter lui-même;
Et s'il te faut ici dire la vérité,
Ce Romain n'en parut ni surpris ni flaté.
Cependant, ces respects, & cette déférence,
Blesserent en secret l'orgueil de ma naissance.
J'eus peine à voir un Roy, qui me donna le jour,
Dépoüillé de ses Droits, Courtisan dans sa Cour;
Et d'un front couronné, perdant toute l'audace,
Devant Flaminius, n'oser prendre sa place.
J'en rougis, & jettai sur ce hardi Romain,
Des regards, qui marquoient un généreux dédain:
Mais, du Destin, sans doute, un injuste caprice
Veut, devant les Romains, que tout orgueil fléchisse.
Mes dédaigneux regards rencontrerent les siens;
Et les siens, sans effort, confondirent les miens.
Jusques au fond du cœur, je me sentis émûë.
Je ne pouvois ni fuïr, ni soûtenir sa vûë.
Je perdis, sans regret, un impuissant courroux;
Mon propre abaissement, Egine, me fut doux:
J'oubliai ces respects, qui m'avoient offensée:
Mon pere-même alors sortit de ma pensée;
Je m'oubliai moi-même; & ne m'occupai plus
Qu'à voir, & n'oser voir le seul Flaminius.

Egine, ce récit que j'ai honte de faire ;
De tous mes mouvemens, t'explique le mistére.

EGINE.

De ce Romain si fier, qui fut votre vainqueur,
Sans doute à votre tour, vous surprîtes le cœur.

LAODICE.

J'ignore jusqu'ici si je touchai son ame.
J'éxaminai pourtant s'il partageoit ma flâme ;
J'observai si ses yeux ne m'en apprendroient rien :
Mais je le voulois trop, pour m'en instruire bien.
Je le crûs cependant ; & si sur l'apparence,
Il est permis de prendre un peu de confiance,
Egine, il me sembla que pendant son séjour,
Dans son silence-même éclatoit son amour.
Mille indices pressans me le faisoient comprendre :
Quand je te les dirois, tu ne pourrois m'entendre.
Moi-même, que l'amour sçût peut-être tromper.
Je les sens, & ne puis te les développer.
Flaminius partit, Egine ; & je veux croire
Qu'il ignora toujours ma honte, & sa victoire.
Helas ! pour revenir à ma tranquilité,
Que de maux à mon cœur, n'en a-t-il pas coûté !
J'appellai vainement la raison à mon aide.
Elle irrite l'amour, loin d'y porter remede.
Quand sur ma folle ardeur, elle m'ouvroit les yeux,
En rougissant d'aimer, je n'en aimois que mieux.
Je ne me servis plus d'un secours inutile.
J'attendis que le tems vînt me rendre tranquile :
Je le devins, Egine, & j'ai crû l'être, enfin,
Quand j'ai sçû le retour de ce même Romain.
Que ferai-je, dis-moi, si ce retour funeste,
D'un malheureux amour, trouve en moi quelque reste ?

Quoi, j'aimerois encor ? Ah ! puisque je le crains
Pourrois-je me flater que mes feux sont éteints ?
D'où naitroient dans mon cœur de si promptes
allarmes ?
Et si je n'aime plus, pourquoi verser des larmes?
Cependant, chere Egine, Annibal a ma foy ;
Et je suis destinée à vivre sous sa loy.
Sans amour, il est vrai, j'allois être asservie ;
Mais j'allois partager la gloire de sa vie.
Mon ame, que flatoit un partage si grand,
Se disoit qu'un Héros valoit bien un Amant.
Hélas ! si dans ce jour mon amour se ranime,
Je deviendrai bien moins épouse que victime.
N'importe, quelque sort qui m'attende aujour-
d'hui,
J'acheverai l'Hymen, qui doit m'unir à lui.
Et dûst mon cœur brûler d'une ardeur éternelle,
Egine, il a ma foy, je lui serai fidelle.

EGINE.

Madame, le voici.

SCENE II.

LAODICE, ANNIBAL, EGINE, AMILCAR

ANNIBAL.

Puis-je sans me flater,
Esperer qu'un moment vous voudrez m'écouter?
Je ne viens point, trop fier de l'espoir, qui
m'engage,
De mes tristes soûpirs, vous présenter l'hom-
mage.
C'est un secret, qu'il faut renfermer dans son
cœur.

Quand on n'a plus de grace à vanter son ardeur.
Un soin qui me sied mieux, mais moins cher à mon ame,
M'invite en ce moment à vous parler, Madame'
On attend dans ces lieux un Agent des Romains'
Et le Roy votre pere ignore ses desseins :
Mais je croi les sçavoir. Rome me persecute.
Par moi, Rome autrefois se vit près de sa chûte :
Ce qu'elle en ressentit & de trouble & d'effroi,
Dure encor, & lui tient les yeux ouverts sur moi.
Son pouvoir est peu sûr tant qu'il respire un Homme,
Qui peut apprendre aux Rois à marcher jusqu'à Rome.
A peine ils m'ont reçû, que sa juste frayeur
M'en écarte aussi tôt par un Ambassadeur.
Je puis porter trop loin le succès de leurs armes.
Voilà ce qui nourrit ses prudentes allarmes :
Et de l'Ambassadeur peut-être, tout l'emploi,
Est, de n'oublier rien, pour m'éloigner du Roy.
Il va même essayer l'impérieux langage,
Dont, à ses Envoyez, Rome prescrit l'usage.
Et ce piége grossier, que tend sa vanité,
Souvent, de plus d'un Roy, surprit la fermeté.
Quoqu'il en soit, enfin, trop aimable Princesse,
Vous possedez du Roy, l'estime & la tendresse;
Et moi, qui vous connoît, je puis avec honneur
En demander ici l'usage en ma faveur..
Se soustraire au bienfait d'une ame vertueuse,
C'est soi-même souvent l'avoir peu généreuse.
Annibal, destiné pour être votre époux,
N'aura point à rougir d'avoir compté sur vous ;
Et votre cœur enfin, est assez grand, pour croire,
Qu'il est de son devoir, d'avoir soin de ma gloire.

LAODICE.

Oüy, je la soûtiendrai ; n'en doutez point, Seigneur.
L'espoir que vous formez, rend justice à mon cœur.
L'inviolable foy, que je vous ai donnée,
M'associe aux hazards de votre destinée.
Mais aujourd'hui, Seigneur, je n'en serois pas moins,
Quand vous n'auriez point droit de demander mes soins.
Croyez à votre tour, que j'ai l'ame trop fiere,
Pour qu'Annibal en vain m'eût fait une priere.
Mais, Seigneur, Prusias dont vous vous défiez,
Sera plus vertueux, que vous ne le croyez ;
Et puisqu'avec ma foy vous reçûtes la sienne,
Vos interêts n'ont pas besoin qu'on les soûtienne.

ANNIBAL.

Non, je m'occupe ici de plus nobles projets,
Et ne vous parle point de mes seuls interêts.
Mon nom m'honore assez, Madame ; & j'ose dire,
Q'au plus avide orgueil ma gloire peut suffire.
Tout vaincu que je suis, je suis craint du vainqueur.
Le triomphe n'est pas plus beau que mon malheur.
Quand je serois réduit au plus obscur azile,
J'y serois respectable, & j'y vivrois tranquile.
Si d'un Roy généreux, les soins, & l'amitié,
Le nœud, dont avec vous je dois être lié,
N'avoient rempli mon cœur de la douce espérance,
Que ce bras fera foy de ma reconnoissance ;
Et que l'heureux époux, dont vous avés fait choix,

Sur de nouveaux sujets, établissant vos loix,
Justifiera l'honneur, que me fait Laodice,
En soufrant que ma main à la sienne s'unisse.
Oüy; je voudrois encor par des faits éclatans,
Réparer entre nous la distance des ans;
Et de tant de lauriers, orner cette vieillesse,
Qu'elle effacât l'éclat, que donne la jeunesse.
Mais mon courage en vain médite ces desseins.
Madame, si le Roy ne résiste aux Romains,
Je ne vous dirai point que le Senat peut-être
Deviendra par dégrés son Tyran & son Maître;
Et que si votre pere obéit aujourd'hui,
Ce Maître ordonnera de vous, comme de lui:
Qu'on verra quelque jour sa politique injuste,
Disposer de la main d'une Princesse auguste,
L'accorder quelquefois, la refuser après,
Au gré de son caprice, où de ses interêts;
Et d'un lâche allié, trop payer le service,
En lui livrant enfin, la main de Laodice.

LAODICE.

Seigneur, quand Annibal arriva dans ces lieux,
Mon pere le reçût comme un présent des Dieux;
Et sans doute, il connut quel étoit l'avantage,
De pouvoir acquerir des droits sur son courage,
De se l'approprier, en se liant à vous,
En vous donnant enfin le nom de mon époux.
Sans la guerre, il auroit conclu notre Hymenée;
Mais il n'est pas moins sûr, & j'y suis destinée;
Qu'Annibal juge donc sur les desseins du Roy,
Si jamais les Romains disposeront de moy:
Si jamais leur Sénat peut à présent s'attendre
Que de son fier pouvoir le Roy veüille dépendre.
Mais je vous laisse. Il vient. Vous pourrez avec lui
Juger, si vous aurez besoin de mon appui.

SCENE III.

PRUSIAS, ANNIBAL, AMILCAR.

PRUSIAS.

ENfin, Flaminius va bientôt nous instruire
Des motifs importans, qui peuvent le conduire.
Avant la fin du jour, Seigneur, nous l'allons voir;
Et déja je m'apréte à l'aller recevoir.

ANNIBAL.

Qu'entens-je? vous, Seigneur?

PRUSIAS.

D'où vient cette surprise?
Je lui fais un honneur, que l'usage authorise
J'imite mes pareils.

ANNIBAL.

Et n'êtes-vous pas Roy?

PRUSIAS.

Seigneur, ceux dont je parle, ont même rang que moi.

ANNIBAL.

Eh quoi! pour vos pareils, voulez-vous reconnoître
Des Hommes, par abus appellez Rois sans l'être;
Des esclaves de Rome, & dont la dignité
Est l'ouvrage insolent de son authorité,
Qui du Trône héritiers, n'osent y prendre place,
Si Rome auparavant n'en a permis l'audace;
Qui sur ce Trône assis, & le sceptre à la main;
S'abaissent à l'aspect d'un Citoyen Romain?
Des Rois, qui soupçonnez de désobéissance,

Prouvent, à force d'or, leur honteuſe innocence ;
Et que d'un fier Senat l'ordre ſouvent fatal
Expoſe en criminels devant ſon Tribunal,
Mépriſez des Romains, autant que mépriſables ?
Voilà ceux, qu'un Monarque appelle ſes ſemblables.
Ces Rois, dont le Senat, ſans armer de Soldats,
A de vils Concurrens, adjuge les Etats.
Ces Cliens en un mot, qu'il punit & protege,
Peuvent de ſes Agens, augmenter le cortege :
Mais, vous, éxaminez, en voyant ce qu'ils ſont,
Si vous devez encor imiter ce qu'ils font.

PRUSIAS.

Si ceux, dont nous parlons, vivent dans l'infamie,
S'ils livrent aux Romains, & leur Sceptre & leur vie,
Ce lâche oubli du rang, qu'ils ont reçû des Dieux,
Autant qu'à vous, Seigneur, me paroît odieux.
Mais donner au Senat quelque marque d'eſtime,
Rendre à ſes Envoyez un honneur légitime ;
Je l'avoüerai, Seigneur, j'aurois peine à penſer,
Qu'à de honteux égards ce fût ſe diſpenſer ;
Je crois pouvoir enfin, les imiter moi-même,
Et n'en garder pas moins les droits du rang ſuprême.

ANNIBAL.

Quoi ! Seigneur, votre rang n'eſt pas ſacrifié,
En courant au-devant des pas d'un Envoyé ?
C'eſt montrer votre eſtime, en produire des marques,
Que vous ne croyez pas indignes des Monarques.

L'ai-je bien entendu ? De quel œil, dites-moi,
Voyez-vous le Sénat, & qu'est-ce donc qu'un Roy ?
Quel discours ! Juste Ciel ? De quelle fantaisie,
L'ame aujourd'hui des Rois est-elle donc saisie ?
Et quel est donc enfin, le charme, ou le poison,
Dont Rome semble avoir alteré leur raison ?
Cet orgueil, que leur cœur respire sur le Trône,
Au seul nom de Romain, fuit, & les abandonne;
Et d'un commun accord, ces Maitres des Humains.
Sans s'en appercevoir, respectent les Romains.
O Rois ! & ce respect, vous l'appellez estime ?
Je ne m'étonne plus, si Rome vous opprime.
Seigneur, connoissez-vous ? Rompez l'enchantement,
Qui vous fait un devoir de votre abaissement.
Vous régnez ; & ce n'est qu'un Agent, qui s'avance.
Au Trône votre place, attendez sa présence.
Sans vous embarasser s'il est Scythe, ou Romain,
Laissez-le jusqu'à vous poursuivre son chemin.
De quel droit le Sénat pourroit-il donc prétendre
Des respects, qu'à vous-même il ne voudroit pas rendre :
Mais que vous dis-je ? A Rome à peine un Sénateur
Daigneroit d'un regard vous accorder l'honneur,
Et vous appercevant dans une foule obscure,
Vous feroit un accueil plus choquant qu'une injure.
De combien cependant êtes-vous au-dessus
De chaque Sénateur .....

PRUSIAS.

Seigneur, n'en parlons plus.
J'avois crû faire un pas d'une moindre importance.
Mais pendant qu'en ces lieux l'Ambassadeur s'avance,
Souffrez que je vous quitte, & qu'au moins aujourd'hui,
Des soins moins éclatans m'excusent envers lui.

SCENE IV.

ANNIBAL, AMILCAR.

AMILCAR.

SEigneur, nous sommes seuls; oserois-je vous dire,
Ce que le ciel peut-être en ce moment m'inspire?
Je connois peu le Roi; mais sa timidité
Semble vous présager quelque infidélité.
Non qu'à présent son cœur manque pour vous de zele,
Sans doute, il a dessein de vous être fidele:
Mais un Prince, à qui Rome imprime du respect,
De peu de fermeté, doit vous être suspect.
Ces timides égards vous annoncent un homme,
Assez foible, Seigneur, pour vous livrer à Rome.
Qui sçait si l'envoyé, qu'on attend aujourd'hui,
Ne vient pas, de sa part, vous demander à lui?
Pendant que de ces lieux la retraite est facile,
M'en croirez-vous? fuyez un dangereux azile;

Et sans attendre ici........

ANNIBAL.

Nomme-moi des Etats ;
Plus sûrs pour Annibal que ceux de Prusias.
Enseigne-moi des Rois, qui ne soient point timides,
Je les ai trouvés tous ou lâches ou perfides.

AMILCAR.

Il en seroit peut-être encor de généreux.
Mais une autre raison fait vos dégoûts pour eux ;
Et si vous n'esperiez d'épouser Laodice,
Peut-être à quelqu'un d'eux, rendriez-vous justice.
Vous voudrez bien, Seigneur excuser un discours,
Que me dicte mon zele, & le soin de vos jours.

ANNIBAL.

Crois-tu que l'interêt d'une amoureuse flâme,
Dans cet égarement, pût entrainer mon ame?
Penses-tu que ce soit seulement de ce jour
Que mon cœur ait appris à surmonter l'amour?
De ses emportemens, j'ai sauvé ma jeunesse :
J'en pourrai bien encor défendre ma vieillesse.
Nous tenterions en vain d'empêcher que nos cœurs,
D'un amour imprévû, ne sentent les douceurs.
Ce sont-là des hazards, à qui l'ame est soûmise,
Et dont on peut sans honte éprouver la surprise :
Mais quelqu'en soit l'attrait, ces douceurs ne sont rien,
Et ne font de progrès, qu'autant qu'on le veut bien.
Ce feu, dont on nous dit la violence extrême,
Ne brûle que le cœur, qui l'allume lui-même.
Laodice est aimable, & je ne pense pas,
Qu'avec indifférence on pût voir ses appas,

L'Hymen doit me donner une épouse si belle;
Mais la gloire, Amilcar, est plus aimable qu'elle;
Et jamais Annibal ne pourra s'égarer,
Jusqu'au trouble honteux d'oser les comparer.
Mais je suis las d'aller mandier un azile,
D'affliger mon orgueil d'un opprobre stérile ?
Ou conduire mes pas; va, croi-moi, mon Destin
Doit changer dans ces lieux, ou doit y prendre fin.
Prusias ne peut plus m'abandonner sans crime.
Il est foible, il est vrai; mais il veut qu'on l'estime.
Je feins qu'il le mérite; & malgré sa frayeur,
Sa vanité du moins lui tiendra lieu d'honneur.
S'il en croit les Romains, si le ciel veut qu'il céde,
Des crimes de son cœur, le mien sçait le remede.
Sois tranquile, Amilcar, & ne crains rien pour moi;
Mais sortons. Hâtons-nous de rejoindre le Roy;
Ne l'abandonnons point. Il faut même sans cesse,
Par de nouveaux efforts, combattre sa foiblesse,
L'irriter contre Rome; & mon unique soin
Est, de me rendre ici son assidu témoin.

Fin du premier Acte.

ACTE SECOND.

SCENE PREMIERE.

FLAMINIUS, FLAVIUS.

FLAVIUS.

LE Roy ne paroît point; & j'ai peine à comprendre,
Seigneur, comment ce Prince ose se faire attendre.
Et depuis quand les Rois font-ils si peu d'état
Des Ministres, chargez des ordres du Sénat?
Malgré la Dignité, dont Rome vous honore,
Prusias à vos yeux, ne s'offre point encore?

FLAMINIUS.

N'accuse point le Roy de ce superbe accueil;
Un Roy n'en peut avoir imaginé l'orgueil.
J'y reconnois l'audace, & les conseils d'un homme,
Ennemi déclaré des respects dûs à Rome.
Le Roy, de son devoir ne seroit point sorti.
C'est du seul Annibal, que ce trait est parti;
Prusias, sur la foy des leçons qu'on lui donne,
Ne croit plus le respect d'usage sur le Trône.
Annibal, de son rang, exagerant l'honneur,

Seme avec la fierté la revolte en son cœur.
Quelque soit le succès, qu'Annibal en attende,
Les Rois résistent peu, quand le Sénat commande.
Déja ce fugitif a dû s'appercevoir
Combien ses volontez ont sur eux de pouvoir.

FLAVIUS.

Seigneur, à ce discours, souffrés que je comprenne,
Que vous ne venez pas pour le seul Artamene;
Et que la guerre enfin, que lui fait Prusias,
Est le moindre interêt qui guide ici vos pas.
En vous suivant, j'en ai soupçonné le mistere;
Mais, Seigneur, jusqu'ici j'ai crû devoir me taire.

FLAMINIUS.

Déja mon amitié te l'eût développé,
Sans les soins inquiets, dont je suis occupé.
Je t'apprends donc qu'à Rome Annibal doit me suivre;
Et qu'en mes mains il faut que Prusiás le livre.
Voilà quel est ici mon véritable emploi;
Sans d'autres interêts qui ne touchent que moi.

FLAVIUS.

Quoi, vous?

FLAMINIUS.

Nous sommes seuls, nous pouvons ne rien feindre.
Annibal n'a que trop montré qu'il est à craindre.
Il fuit, il est vaincu; mais vaincu par des coups,
Que nous devons encor plus au hazard, qu'à nous.
Et s'il n'eût autrefois rallenti son courage,
Rome étoit en danger d'obéïr à Cartage.
Quoique vaincu, les Rois dont il cherche l'appui,

Purroient bien essayer de se servir de lui ;
Et sur ce qu'il a fait, fondant leur espérance,
Avec moins de frayeur, tenter l'indépendance,
Et Rome à les punir auroit un embarras,
Qu'il seroit imprudent de ne s'épargner pas.
Nos Aigles en un mot, trop fréquemment défaites
Par ce même ennemi, qui trouve des retraites,
Qui n'a jamais craint Rome, & qui même la voit
Seulement ce qu'elle est, & non ce qu'on la croit.
Son audace, son nom & sa haine implacable,
Tout jusqu'à sa défaite est en lui formidable.
Et depuis quelque tems, un bruit court parmi nous,
Qu'il va, de Laodice, être bientôt l'époux.
Ce coup est important : Rome en est allarmée.
Pour le rompre, elle a fait avancer son armée ;
Elle éxige Annibal ; & malgré le mépris,
Que pour les Rois tu sçais que le Sénat a pris,
Son orgueil inquiet en fait un sacrifice,
Et livre à mon espoir la main de Laodice,
Le Roy, flaté par-là, peut en oublier mieux
La valeur d'un dépôt, trop suspect en ces lieux,
Pour effacer l'affront d'un pareil Hymenée,
Si contraire à la loy, que Rome s'est donnée,
Et je te l'avoüerai, d'un Hymen, dont mon cœur
N'auroit peut-être pû sentir le deshonneur,
Cette Rome facile accorde à la Princesse
Le titre, qui pouvoit excuser ma tendresse,
La fait Romaine enfin. Cependant ne crois pas
Qu'en faveur de mes feux, j'épargne Prusias.

Rome

Rome emprunte ma voix, & m'ordonne elle-
méme,
D'user ici pour lui d'une rigueur extrême :
Il le faut en effet.

FLAVIUS.

Mais depuis quand, Seigneur;
Brûlez-vous en secret d'une si tendre ardeur.
L'aimable Laodice a-t-elle fait connoître
Qu'elle-méme à son tour? ....

FLAMINIUS.

Prusias va paroitre;
Cessons : mais souviens-toi que l'on doit ignorer
Ce que ma confiance ose te déclarer.

SCENE II.

PRUSIAS, ANNIBAL, FLAMINIUS, FLAVIUS.

Suite du Roy.

FLAMINIUS.

ROme, qui vous observe, & de qui la clé-
mence
Vous a fait jusqu'ici grace de sa vengeance,
A commandé, Seigneur, que je vinsse vers vous
Vous dire le danger, où vous met son courroux.
Vos armes chaque jour, & sur mer, & sur terre,
Entre Artamene & vous renouvellent la guerre.
Rome la désaprouve; & déja le Sénat
Vous en avoit, Seigneur, averti sans éclat.
Un Romain, de sa part a dû vous faire entendre
Quel parti là-dessus vous feriez bien de prendre;
Qu'il souhaitoit enfin, qu'on eût en pareil cas
Recours à sa justice, & non à des combats.

Cet auguste Sénat, qui peut parler en Maître,
Mais qui donne à regret des preuves qu'il peut l' - e,
Crut que vous épargnant des ordres rigoureux,
Vous n'attendriez pas qu'il vous dit, je le veux.
Il le dit aujourd'hui; c'est moi qui vous l'annonce.
Vous allez vous juger en me faisant réponse.
Ainsi, quand le pardon vous est encor offert,
N'oubliez pas qu'un mot vous absout, ou vous perd.
Pour écarter de vous tout dessein téméraire,
Empruntez le secours d'un effroi salutaire:
Voyez en quel état Rome a mis tous ces Rois,
Qui d'un coupable orgueil ont écouté la voix.
Présentez à vos yeux cette foule de Princes,
Dont les uns vagabonds, chassez de leurs Provinces;
Les autres gémissans, abandonnez aux fers,
De son devoir, Seigneur, instruisent l'Univers.
Voilà pour imposer silence à votre audace,
Le spectacle, qu'il faut que votre esprit se fasse.
Vous vaincrez Artamene, & vos heureux Destins
Vont mettre, je le veux, son sceptre dans vos mains.
Mais quand vous le tiendrez ce Sceptre, qui vous tente,
Qu'en ferez-vous, Seigneur; si Rome est mécontente?
Que ferez-vous du vôtre? & qui vous sauvera
Des traits vangeurs, dont Rome alors vous poursuivra?
Restez en paix, regnez, gardez votre Couronne,
Le Sénat vous la laisse, ou plutôt vous la donne,
Obtenez sa faveur, faites ce qu'il lui plait;

Je ne vous connois point de plus grand interêt.
Consultez nos amis : ce qu'ils ont de puissance,
N'est que le prix heureux de leur obéïssance.
Quoiqu'il en soit enfin, que votre ambition
Respecte un Roy, qui vit sous sa protection.

PRUSIAS.

Seigneur, quand le Sénat s'abstiendroit d'un langage,
Qui fait à tous les Rois, un si sensible outrage,
Que sans me conseiller le secours de l'effroi,
Il diroit simplement ce qu'il attend de moi ;
Quand le Sénat enfin, honoreroit lui-même
Ce front, qu'avec éclat distingue un Diadême ;
Croyez-moi, le Sénat & son Ambassadeur,
N'en parleroient tous deux qu'avec plus de grandeur.
Vous ne m'étonnez point, Seigneur, & la menace,
Fait rarement trembler ceux, qui sont à ma place.
Un Roy, sans s'allarmer d'un procedé si haut,
Refuse, s'il le peut, accorde, s'il le faut,
C'est de ses actions la raison qui décide ;
Et l'outrage jamais ne le rend plus timide.
Artamene, avec moi, Seigneur, fit un traité,
Qui, de sa part encore, n'est pas éxécuté :
Et quand je l'en pressois, j'appris que son Armée,
Pour venir me surprendre, étoit déja formée.
Son perfide dessein alors m'étant connu,
J'ai rassemblé la mienne, & je l'ai prévenu.
Le Sénat pourroit-il approuver l'injustice,
Et d'une lâcheté veut-il être complice ?
Son pouvoir n'est-il pas guidé par la raison ?
Vos Alliez ont-ils le droit de trahison ?
Et lorsque je suis prêt d'en être la victime,

M'en défendre, Seigneur, est-ce commettre un crime ?

FLAMINIUS.

Pourquoi nous déguiser ce que vous avez fait ?
A ce traité, vous-même, avez-vous satisfait ?
Et pourquoi, d'Artamene accuser la conduite,
Seigneur, si de la vôtre, elle n'est que la suite ?
Vous avez fait la paix. Pourquoi dans vos Etats
Avez-vous conservé, même accrû vos Soldats ?
Prétendiez-vous, malgré cette paix solemnelle,
Lui laisser soupçonner qu'elle étoit infidelle,
Et l'engager à prendre une précaution,
Qui servit de prétexte à votre ambition ?
Mais le Sénat a vû votre coupable ruse ;
Et ne recevra point une frivole excuse,
Quelques soient vos motifs, je ne viens en ces lieux,
Que pour vous avertir qu'ils lui sont odieux.
Songés-y, mais sur-tout tâchez de vous défendre
Du poison des conseils, dont on veut vous surprendre.

ANNIBAL.

S'il écoute les miens, ou s'il prend les meilleurs,
Rome ira proposer son esclavage ailleurs.
Prusias indigné, poursuivra la conquête,
Qu'à lui livrer bientôt, la victoire s'aprête.
Ces conseils ne sont pas plus dangereux pour lui
Que pour ce fier Sénat, qui l'insulte aujourd'hui.
Si le Roy contre lui veut en faire l'épreuve,
Moi, qui vous parle, moi, je m'engage à la preuve.

FLAMINIUS.

Le projet est hardi. Cependant votre état
Promet déja beaucoup en faveur du Sénat ;
Et votre orgueil, réduit à chercher un azile,

Fournit à Prusias un espoir bien fragile.

ANNIBAL.

Non, non, Flaminius, vous vous entendez mal
A vanter le Sénat, aux dépens d'Annibal;
Cet état où je suis, rappelle une matiere,
Dont votre Rome auroit à rougir la premiere.
Ne vous souvient-il plus du tems, où dans mes mains,
La victoire avoit mis le destin des Romains?
Retracez-vous ce tems, où par moi l'Italie,
D'épouvante, d'horreur & de sang fut remplie.
Laissons de vains discours, dont le faste menteur,
De ma chute aux Romains, semble donner l'honneur.
Dites, Flaminius, quelle fut leur ressource?
Parlez, quelqu'un de vous arrêta-t-il ma course?
Sans l'imprudent repos que mon bras s'est permis,
Romains, vous n'auriez plus d'amis, ni d'ennemis.
De ce peuple insolent, qui veut qu'on obéisse,
Le fer & l'esclavage alloient faire justice;
Et les Rois, que soûmet sa superbe amitié,
En verroient à present le reste avec pitié.
O Rome! tes Destins ont pris une autre face.
Ma lenteur, ou plutôt mon mépris te fit grace.
Négligeant des progrès, qui me sembloient trop sûrs,
Je laissai respirer ton peuple dans tes murs.
Il échappa depuis; & ma seule imprudence,
Des Romains abbatus, releva l'esperance.
Mais ces fiers Citoyens, que je n'accablai pas,
Ne sont point assez vains, pour mépriser mon bras;
Et si Flaminius vouloit parler sans feindre,

Il disoit qu'on m'honore encor jusqu'à me craindre.
En effet, si le Roy profite du séjour,
Que les Dieux ont permis que je fisse en sa Cour,
S'il ose pour lui-même employer mon courage,
Je n'en demande pas à ces Dieux davantage.
Le Sénat, qui d'un autre, est aujourd'hui l'appui,
Pourra voir arriver le danger jusqu'à lui.
Je sçai me corriger; il sera difficile
De me réduire alors à chercher un azile.

FLAMINIUS.

Ce qu'Annibal appelle imprudence & lenteur,
S'appelleroit effroi, s'il nous ouvroit son cœur.
Du moins, cette lenteur & cette négligence,
Eurent avec l'effroi beaucoup de ressemblance:
Et l'aspect de nos murs si remplis de Héros,
Pût bien vous conseiller le parti du repos.
Vous vous corrigerez? Et pourquoi dans l'Afrique,
N'avez-vous donc pas mis tout votre art en pratique?
Seroit-ce qu'il manquoit à votre instruction,
La honte d'être encor vaincu par Scipion?
Rome, il est vrai, vous vit gagner quelque victoire,
Et vous avez raison, quand vous en faites gloire.
Mais ce sont vos exploits, qui doivent effrayer
Tous les Rois, dont l'audace osera si fier.
Rome, vous le sçavez, en cent lieux de la terre,
Avoit à soûtenir le fardeau de la guerre.
L'Univers attentif, crut la voir en danger,
Douta que ses efforts pûssent l'en dégager.
L'Univers se trompoit. Le Ciel, pour le convaincre,

Qu'on ne devoit jamais espérer de la vaincre,
Voulut, jusqu'à ses murs, vous ouvrir un chemin,
Pour qu'on la crût encor plus proche de sa fin;
Et que la terre après détrompée & surprise,
Apprît à l'avenir à nous être soûmise.

ANNIBAL.

A tant de vains discours, je vois votre embarras;
Et si vous m'en croyez, vous ne poursuivirez pas.
Rome alloit succomber: son vainqueur la néglige;
Elle en a profité; voilà tout le prodige.
Tout le reste est chimere, ou pure vanité,
Qui deshonore Rome & toute sa fierté.

FLAMINIUS.

Rome, de vos mépris auroit tort de se plaindre.
Tout est indifferent de qui n'est plus à craindre.

ANNIBAL.

Arrêtez, & cessez d'insulter au malheur
D'un homme, qu'autrefois Rome a vû son vainqueur.
Et quoique sa fortune ait surmonté la mienne,
Les grands coups, qu'Annibal a portés à la sienne,
Doivent du moins apprendre aux Romains généreux,
Qu'il a bien mérité d'être respecté d'eux.
Je sors; je ne pourrois m'empêcher de répondre
A des discours, qu'il est trop aisé de confondre.

SCENE III.

PRUSIAS, FLAMINIUS, HIE'RON.

FLAMINIUS.

Seigneur, il me paroit qu'il n'étoit pas besoin
Que, de notre entretien, Annibal fût témoin,
Et vous pouviez, sans lui faire votre réponse
Aux ordres, que par moi le Sénat vous annonce.
J'en ai, qui de si près touchent cet ennemi,
Que je n'ai pû, Seigneur, m'expliquer qu'à demi.

PRUSIAS.

Lui! vous me surprenez, Seigneur, de quelle crainte
Rome, qui vous envoye, est-elle donc atteinte?

FLAMINIUS.

Rome, ne le craint point, Seigneur: mais sa pitié
Travaille à vous sauver de son inimitié.
Rome ne le craint point, vous dis-je, mais l'audace
Ne lui plaît point dans ceux qui tiennent votre place.
Elle veut que les Rois soient soumis au devoir,
Que leur a dès long-tems imposé son pouvoir.
Ce devoir est, Seigneur, de n'oser entreprendre
Ce qu'ils n'ignorent pas qu'elle pourroit défendre.
De n'oublier jamais que ses intentions
Doivent, à la rigueur, régler leurs actions.
Et de se regarder comme dépositaires

D'un

D'un pouvoir, qu'ils n'ont plus, dès qu'ils sont téméraires;
Voilà votre devoir, & vous l'observez mal,
Quand vous osez chez vous recevoir Annibal.
Rome, qui tient ici ce sévére langage,
N'a point dessein, Seigneur, de vous faire un outrage;
Et si ses fiers avis offensent votre cœur,
Vous pouvez lui répondre avec plus de hauteur.
Cette Rome s'explique en Maitresse du Monde,
Si sur un titre égal votre audace se fonde,
Si vous êtes enfin, à l'abri de ses coups,
Vous pouvez lui parler, comme elle parle à vous.
Mais s'il est vrai, Seigneur, que vous dépendiez d'elle,
Si, lorsqu'elle voudra, votre Trône chancelle,
Et pour dire encor plus, si ce que Rome veut,
Cette Rome absoluë, en même tems le peut,
Que son droit soit injuste, ou qu'il soit équitable,
Qu'importe, c'est aux Dieux que Rome en est comptable.
Le foible, s'il étoit le juge du plus fort,
Auroit toujours raison, & l'autre toujours tort.
Annibal est chez vous, Rome en est courroucée,
Pouvez-vous là-dessus ignorer sa pensée?
Est-ce donc imprudence? ou n'avez-vous point sçû
Ce qu'elle envoya dire aux Rois, qui l'ont reçû.

PRUSIAS.

Seigneur, de vos discours, l'excessive licence
Semble vouloir ici tenter ma patience.
Je sens des mouvemens, qui vous sont des conseils,
De ne jamais chez eux mépriser mes pareils.

Les Rois, dans le haut rang, où le Ciel les fait naître,
Ont souvent des Vainqueurs, & n'ont jamais de Maître.
Et sans en appeller à l'équité des Dieux,
Leur courroux peut juger de vos droits odieux.
J'honore le Sénat; mais malgré sa menace,
Je me dispenserai d'excuser mon audace.
Je croi pouvoir enfin recevoir qui me plaît;
Et pouvoir ignorer quel est votre interêt.
J'avoûrai cependant, puisque Rome est puissante,
Qu'il est avantageux de la rendre contente.
Expliquez-vous, Seigneur; & voyons si je puis
Faire ce qu'elle exige, étant ce que je suis.
Mais retranchez ces mots d'ordre, de dépendance,
Qui ne m'invitent pas à plus d'obéïssance.

FLAMINIUS.

Eh bien! daignez souffrir un avis important;
Je demande Annibal, & le Sénat l'attend.

PRUSIAS.

Annibal?

FLAMINIUS.

Oüi, ma charge est de vous en instruire;
Mais, Seigneur, écoutez ce qui me reste à dire.
Rome, pour Laodice, a fait choix d'un époux;
Et c'est un choix, Seigneur, avantageux pour vous.

PRUSIAS.

Lui nommer un époux? je puis l'avoir promise.

FLAMINIUS.

En ce cas, du Sénat, avoüez l'entremise;
Après un tel aveu, je pense qu'aucun Roy
Ne vous reprochera d'avoir manqué de foy.

Mais agréez, Seigneur, que l'aimable Princesse
Sçache par moi, que Rome à son sort s'interesse.
Que sur ce même choix interrogeant son cœur,
Moi-même . . . .

PRUSIAS.

Vous pouvez l'en avertir, Seigneur.
J'admire ici les soins, que Rome prend pour elle,
Et de son amitié l'entreprise est nouvelle.
Ma fille en peut résoudre, & je vais consulter
Ce que pour Annibal je dois éxécuter.

SCENE IV.

PRUSIAS, HIE'RON.

HIE'RON.

Rome, de vos desseins, est sans doute informée.

PRUSIAS.

Et tu peux ajoûter qu'elle en est allarmée.

HIE'RON.

Observez donc aussi, Seigneur, que son courroux
En est en même tems plus terrible pour vous.

PRUSIAS.

Mais as-tu bien conçû quelle est la perfidie,
Dont cette Rome veut que je soüille ma vie?
Ce Guerrier, qu'il faudroit lui livrer en ce jour,
Ne souhaitoit de moi qu'un azile en ma Cour.
Ces sermens que j'ai faits de lui donner ma fille,

De rendre sa valeur l'appui de ma famille ;
De confondre à jamais son sort avec le mien ;
Je suis l'Auteur de tout, il ne demandoit rien.
Ce Héros, qui se fie à ces marques d'estime,
S'attend-il que mon cœur acheve par un crime ?
Le Sénat, qui travaille à séduire ce cœur,
En profitant du coup, il en auroit horreur.

HIE'RON.

Non, de trop de vertu, votre esprit le soupçonne ;
Et ce n'est pas ainsi que ce Sénat raisonne,
Ne vous y trompez pas : sa superbe fierté
Vous presse d'un devoir, non d'une lacheté.
Vous vous croiriez perfide, il vous croiroit fidelle,
Puisque lui résister c'est se montrer rebelle.
D'ailleurs, cette action dont vous avez horreur,
Le péril du refus en ôte la noirceur,
Pensez-vous en effet, que vous devez en croire
Les dangereux conseils d'une fatale gloire ?
Et ces Princes, Seigneur, sont-ils donc généreux ?
Qui le sont en risquant tout un peuple avec eux ;
Qui sacrifiant tout à l'affreuse foiblesse,
D'accomplir sans égard une injuste promesse,
Egorgent par scrupule un monde de Sujets,
Et ne gardent leur foy qu'à force de forfaits ?

PRUSIAS.

Ah ! lorsqu'à ce Héros, j'ai promis Laodice,
J'ai crû qu'à mes Sujets, c'étoit rendre un service.
Tu sçais que souvent Rome a contraint nos Etats
De servir ses desseins, de fournir des Soldats ;

J'ai donc crû qu'en donnant retraite à ce grand
Homme,
Sa valeur gêneroit l'insolence de Rome ;
Que ce Güerrier chez moi pourroit l'épouvanter ;
Que ce qu'elle en connoît, m'en feroit respecter :
Je me trompois : & c'est son épouvante-même,
Qui me plonge aujourd'hui dans un péril extreme.
Mais n'importe, Hiéron, Rome a beau menacer,
A rompre mes sermens, rien ne doit me forcer,
Et du moins, essayons ce qu'en cette occurrence
Peut produire pour moi la ferme resistance.
La menace n'est rien, ce n'est pas ce qui nuit.
Mais pour prendre un parti, voyons ce qui la suit.

Fin du second Acte.

ACTE TROISIE'ME.

SCENE PREMIERE.

LAODICE, EGINE.

LAODICE.

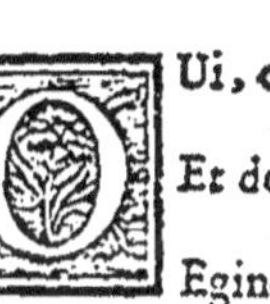

Ui, ce Flaminius, dont je crus être aimée,
Et dont je me repens d'avoir été charmée,
Egine, il doit me voir, pour me faire accepter
Je ne sçai quel époux qu'il vient me présenter,
L'ingrat, je le craignois; à present quand j'y pense,
Je ne sçai point encor si c'est indifference;
Mais enfin le penchant, qui me surprit pour lui,
Me semble, grace au Ciel, expirer aujourd'hui.

EGINE.

Quand il vous aimeroit, eh, quel espoir, Madame,
Oseroit en ce jour se permettre votre ame?
Il faudroit l'oublier.

LAODICE.

Hélas! depuis le jour,
Que pour Flaminius je sentis de l'amour,
Mon cœur tâcha du moins de se rendre le Maître

De cet amour, qu'il plût au sort d'y faire
naître.
Mais d'un tel ennemi penses-tu que le cœur
Puisse avec fermeté vouloir être vainqueur ?
Il croît qu'autant qu'il peut, il combat, il s'efforce,
Mais il a peur de vaincre, & veut manquer de force ;
Et souvent sa défaite a pour lui tant d'appas,
Que pour aimer sans trouble, il feint de n'aimer pas.
Ce cœur à la faveur de sa propre imposture,
Se délivre du soin de guérir sa blessure.
C'est ainsi que le mien nourrissoit un amour,
Qui s'accrût sur la foy d'un apparent retour.
Oh ! d'un retour trompeur, apparence flateuse !
Ce fut toi, qui nourrit une flâme honteuse.
Mais que dis-je ? ah ! plutôt ne la rappellons plus.
Sans crainte & sans espoir, voyons Flaminius.

EGINE.

Contraignez-vous. Il vient.

SCENE II.

LAODICE, FLAMINIUS, EGINE.

FLAMINIUS *à part.*

Quelle grace nouvelle,
A mes regards surpris, la rend encor plus belle !
Madame, le Sénat en m'envoyant au Roy,
N'a point à lui parler limité mon emploi.
Rome, à qui la vertu fut toujours respectable,

Envers vous aujourd'hui croit la sienne comptable
D'un témoignage ardent, dont l'éclat mette au jour
Ce qu'elle a pour le vôtre, & d'estime, & d'amour.
Je n'ose ici mêler mes respects, ni mon zele,
Avec les sentimens, que j'explique pour elle.
Non; c'est Rome qui parle, & malgré la grandeur,
Que me prête le nom de son Ambassadeur,
Quoiqu'enfin le Sénat n'ait consacré ce titre
Qu'à s'annoncer des Rois, & le juge & l'arbitre,
Il a crû que le soin d'honorer la vertu,
Ornoit la dignité, dont il m'a revêtu.
Madame, en sa faveur, que votre ame indulgente,
Fasse grace à l'époux, que sa main vous présente,
Celui qu'il a choisi.......

LAODICE.

Non, n'allez pas plus loin;
Ne dites pas son nom; il n'en est pas besoin.
Je dois beaucoup aux soins, où le Sénat s'engage.
Mais je n'ai pas, Seigneur, dessein d'en faire usage.
Cependant vous dirai-je ici mon sentiment?
Sur l'estime de Rome, & son empressement?
Par où, s'il ne s'y mêle un peu de politique,
Ai-je l'honneur de plaire à votre République?
Mes paisibles vertus ne valent pas, Seigneur,
Que le Sénat s'emporte à cet excès d'honneur.
Je n'aurois jamais crû qu'il vît comme un prodige

Des vertus, où mon rang, où mon sexe m'oblige.
Quoi! le Ciel, de ses dons prodigue aux seuls Romains,
En prive--til le cœur du reste des Humains?
Et nous a-t-il fait naitre avec tant d'infortune,
Qu'il faille nous loüer d'une vertu commune?
Si tel est notre sort, du moins, épargnez-nous
L'honneur humiliant d'être admirez de vous.
Quoiqu'il en soit enfin, dans la peur d'être ingrate,
Je rend grace au Sénat, & son zele me flate.
Bien plus, Seigneur, je voi d'un œil reconnoissant
Le choix de cet époux, dont il me fait présent.
C'est en dire beaucoup, une telle entreprise
De trop de liberté pourroit être reprise.
Mais je me rends justice, & ne puis soupçonner
Qu'il ait de mon destin crû pouvoir ordonner.
Non, son zele a tout fait, & ce zele l'excuse:
Mais, Seigneur, il en prend un espoir, qui l'abuse;
Et c'est trop entre nous présumer des effets,
Que produiront sur moi ses soins, & ses bienfaits,
S'il pense que mon cœur par un excès de joye
Va se sacrifier aux honneurs, qu'il m'envoye.
Non; aux droits de mon rang ce cœur accoûtumé,
Est trop fait aux honneurs pour en être charmé.
D'ailleurs, je deviendrois le partage d'un homme,
Qui va pour m'obtenir, me demander à Rome.
Où qui choisi par elle, a le cœur assez bas,
Pour n'oser déclarer qu'il ne me choisit pas,
Qui n'a ni mon aveu, ni celui de mon pere.

Non, il est, quel qu'il soit, indigne de me plaire.
FLAMINIUS.
Qui n'a point votre aveu, Madame ? Ah ! cet époux
Vous aime, & ne veut être agréé que de vous.
Quand les Dieux, le Senat, & le Roi votre pere,
Hâteroient en ce jour une union si chere,
Si vous ne confirmiez leurs favorables vœux,
Il vous aimeroit trop pour vouloir être heureux,
Un feu moins généreux seroit il votre ouvrage ?
Pensez-vous qu'un Amant que Laodice engage,
Pût à tant de révolte encourager son cœur,
Qu'il voulût malgré vous usurper son bonheur ?
Ah ! dans celui que Rome aujourd'hui vous présente,
Ne voyez qu'une ardeur timide, obéïssante ;
Fidelle, & qui bravant l'injure des refus,
Durera, mais s'il faut, ne se produira plus.
Perdez donc les soupçons, qui vous avoient aigrie.
Arbitre de l'Amant, dont vous êtes chérie,
Que le courroux du moins n'ait dans ce même instant
Nulle part dangereuse à l'arrêt qu'il attend.
Je vous ai tû son nom ; mais mon récit peut-être,
Et le vif interêt que j'ai laissé paroître,
Sans en expliquer plus, vous instruisent assez.
LAODICE.
Quoi, Seigneur, vous seriez...... mais que dis-je ? cessez,
Et n'éclaicissez point ce que j'ignore encore.
J'entends qu'on me recherche, & que Rome m'honore :
Le reste est un secret, où je ne dois rien voir.

FLAMINIUS.

Vous m'entendez assez pour m'ôter tout espoir.
Il faut vous l'avoüer. Je vous ai trop aimée,
Et pour dire encor plus, toujours trop estimée,
Pour me laisser surprendre à la crédule erreur,
De supposer quelqu'un digne de votre cœur.
Il est vrai qu'à nos vœux, le ciel souvent propice,
Pouvoit en ma faveur disposer Laodice:
Mais après vos refus, qui ne m'ont point surpris,
Je ne m'attendois pas encor à des mépris;
Ni que vous feignissiez de ne point reconnoître
L'infortuné penchant, que vous avez vû naître.

LAODICE.

Un pareil entretien a duré trop long-tems.
Seigneur, je plains des feux si tendres, si constans:
Je voudrois que pour eux le sort plus favorable
Eût destiné mon cœur à leur être équitable.
Mais je ne puis, Seigneur; & des liens si doux
Quand je les aimerois, ne sont point faits pour nous.
Oubliez-vous quel rang nous tenons l'un & l'autre?
Vous rougiriez du mien, je rougirois du vôtre.

FLAMINIUS.

Qu'entens-je? Moi, Madame? oser m'estimer plus.
N'êtes-vous pas Romaine avec tant de vertus?
Ah! pourvû que ce cœur partageât ma tendresse......

LAODICE.

Non, Seigneur, c'est en vain que le vôtre m'en presse;
Et quand même l'Amour nous uniroit tous deux......

FLAMINIUS.

Achevez; qui pourroit m'empêcher d'être heureux?
Vous auroit-on promise? & le Roi votre pere
Auroit-il?......

LAODICE.

N'accusez nulle cause étrangere.
Je ne puis vous aimer, Seigneur; & vos soupçons,
Ne doivent point ailleurs en chercher des raisons.

SCENE III.

FLAMINIUS *seul.*

ENfin, elle me fuit, & Rome méprisée,
A permettre mes feux, s'est en vain abaissée:
Et moi, je l'aime encor après tant de refus,
Ou plutôt je sens bien que je l'aime encor plus.
Mais cependant, pourquoi s'est-elle interrompuë?
Quel secret alloit-elle exposer à ma vûë?
Et quand un même amour nous uniroit tous deux......
Où tendoit ce discours qu'elle a laissé douteux?
Auroit-on fait à Rome un rapport trop fidelle?
Seroit-ce qu'Annibal est destiné pour elle?
Et que sans cet hymen je pourrois esperer.....
Mais à quel piége ici vais-je encor me livrer?
N'importe, instruisons-nous, le cœur plein de tendresse,

M'appartient-il d'oser combattre une foiblesse?
Le Roy vient; & je vois Annibal avec lui.
Sçachons ce que je puis en attendre aujourd'hui.

SCENE IV.

PRUSIAS, ANNIBAL, FLAMINIUS;

PRUSIAS.

J'Ignorois qu'en ces lieux......

FLAMINIUS.

Non, avant que j'écoute,
Répondez-moi, de grace, & tirez-moi d'un doute.
L'Hymen de votre fille est aujourd'hui certain.
A quel heureux époux destinez-vous sa main?

PRUSIAS.

Que dites-vous, Seigneur;

FLAMINIUS.

Est-ce donc un mistere?

PRUSIAS.

Ce que vous éxigez ne regarde qu'un pere.

FLAMINIUS.

Rome y prend interêt, je vous l'ai déja dit;
Et je croi qu'avec vous cet interêt suffit.

PRUSIAS.

Quelqu'interêt, Seigneur, que votre Rome y prenne,
Est-il juste après tout que sa bonté me gêne?

FLAMINIUS.

Abregeons ces discours. Répondez, Prusias?

Quel est donc cet époux, que vous ne nommez pas ?

PRUSIAS.

Plus d'un Prince, Seigneur, demande Laodice.
Mais qu'importe au Sénat que je l'en avertisse,
Puisqu'avec aucun d'eux je ne suis engagé.

ANNIBAL.

De qui dépendez-vous pour être interrogé ?

FLAMINIUS.

Et vous qui répondez, instruisez-moi de grace,
Est-ce à vous qu'on m'envoye ? est-ce ici votre place ?

ANNIBAL.

J'y viens défendre un Roy,
Dont le cœur généreux s'est signalé pour moi ;
D'un Roy, dont Annibal embrasse la fortune,
Et qu'avec trop d'excès votre orgueil importune,
Je blesse ici vos yeux, dites-vous ; je le croi.
Mais j'y suis à bon titre, & comme ami du Roy.
Si ce n'est pas assez pour y pouvoir paroître,
Je suis donc son Ministre, & je le fais mon Maître.

FLAMINIUS.

Dût-il de votre fille être bientôt l'époux,
Pourroit-il de son sort se montrer plus jaloux ?
Qu'en dites-vous, Seigneur?

PRUSIAS.

Il me marque son zele,
Et vous dit ce qu'inspire une amitié fidelle.

ANNIBAL.

Instruisez le Sénat, rendez-lui la frayeur,
Que son Agent voudroit jetter dans votre cœur.
Qu'y faites-vous enfin ?
Déclarez avec qui votre foi vous engage.

J'en répons, cet aveu vaudra bien un outrage.

FLAMINIUS.

Qui doit donc épouser Laodice ?

ANNIBAL.

C'est moi.

FLAMINIUS.

Annibal ?

ANNIBAL.

Oüi, c'est lui, qui défendra le Roy ;
Et puisque sa bonté m'accorde Laodice,
Puisque de sa révolte Annibal est complice ;
Le parti le meilleur pour Rome est désormais
De laisser ce rebelle, & son complice en paix.

à Prusias.

Seigneur, vous avez vû qu'il étoit nécessaire
De finir par l'aveu que je viens de lui faire,
Et vous devez juger par son empressement,
Que Rome a des soupçons de notre engagement.
J'ose dire encore plus. L'interêt d'Artamene
Ne sert que de prétexte au motif qui l'amene,
Et sans m'estimer trop, jassûrerai, Seigneur,
Que vous n'eussiez point vû sans moi d'Ambassadeur ;
Que Rome craint de voir conclure un Hymenée,
Qui m'attache à jamais à votre Destinée ;
Qui me remet encor les armes à la main,
Qui de Rome peut-être expose le Destin,
Qui contre elle du moins fait revivre un courage,
Dont jamais son orgueil n'oubliera le ravage.
Cette Rome, il est vrai, ne parle point de moi,
Mais ses précautions trahissent son effroi.
Oüy, les soins qu'elle prend du sort de Laodice,
D'un orgueil allarmé, vous montrent l'artifice.

Son Sénat en bienfaits feroit moins liberal,
S'il ne s'agiſſoit pas d'écarter Annibal,
En vous développant ſa timide prudence,
Ce n'eſt pas que ſaiſi de quelque déſiance,
Je veuille encourager votre honneur étonné,
A confirmer l'eſpoir, que vous m'avez donné.
Non, je mériterois une amitié parjure,
Si j'oſois un moment vous faire cette injure.
Et que pourriez-vous craindre en gardant votre foy?
Eſt-ce d'être vaincu? de ceſſer d'être Roy?
Si vous n'exercez pas les droits du rang ſuprême,
Si vous portez des fers avec un Diadême,
Et ſi de vos enfans vous ne diſpoſez pas,
Vous ne pouvez rien perdre, en perdant vos Etats.
Mais vous les défendrez: & j'oſe encore vous dire,
Qu'un Prince, à qui le Ciel a commis un Empire,
Pour qui cent mille bras peuvent ſe réünir,
Doit braver les Romains, les vaincre, & les punir.

FLAMINIUS.

Annibal eſt vaincu; je laiſſe à ſa colere
Le foible amuſement d'une vaine chimere.
Epuiſez votre adreſſe à tromper Pruſias,
Preſſez; Rome commande, & ne diſpute pas;
Et ce n'eſt qu'en faiſant éclater ſa vengeance,
Qu'il lui ſied de donner des preuves de puiſſance.
Le refus d'obéïr à ſes auguſtes loix,
N'intereſſe point Rome, & n'eſt fatal qu'aux Rois.
C'eſt donc à Pruſias, à qui ſeul il importe,
De ſe rendre docile aux ordres que j'apporte.

Pourſuivez

Pourſuivez vos diſcours, je n'y répondrai rien.
Mais laiſſez-nous après un moment d'entretien ;
Je vous céde l'honneur d'une vaine querelle,
Et je dois de mon tems un compte plus fidelle.

ANNIBAL.

Oüy, je vais m'éloigner : mais prouvez - lui, Seigneur,
Qu'il ne rend pas ici juſtice à votre cœur.

SCENE V.

FLAMINIUS, PRUSIAS.

FLAMINIUS.

Gardez-vous d'écouter une audace frivole,
Par qui ſon déſeſpoir folement ſe conſole,
Ne vous y trompez pas ; Seigneur, Rome aujourd'hui
Vous demande Annibal, ſans en vouloir à lui.
Elle avoit défendu qu'on lui donnât retraite ;
Non, qu'elle eut, cõme il dit, une fraïeur ſecrette,
Mais il ne convient pas qu'aucun Roy parmi vous
Faſſe grace aux vaincus, que proſcrit ſon courroux.
Appaiſez-la, Seigneur : une nombreuſe armée
Pour venir vous ſurprendre, a dû s'être formée :
Elle attend vos refus pour fondre en vos Etats
L'orgueilleux Annibal ne les ſauvera pas.
Vous, de ſon déſeſpoir inſtrument & miniſtre,
Qui n'en pénétrez pas le miſtére ſiniſtre ;
Vous, qu'il abuſe enfin ; vous, par qui ſon orgueil
Se cherche : en vous perdant, un éclatant écueil,

Vous périrez, Seigneur; & bientôt Artamene
Aidé de son côté des troupes qu'on lui meine,
Dépoüillera ce front de ce bandeau Royal,
Confié sans prudence aux fureurs d'Annibal.
Annonçant du Sénat la volonté suprême,
J'ai parlé jusqu'ici comme il parle lui-même;
J'ai dû de son langage observer la rigueur,
Je l'ai fait; mais jugez s'il en coûte à mon cœur.
Connoissez-le, Seigneur; Laodice m'est chere,
Il doit m'être bien dur de menacer son pere.
Oüy, vous voyez l'époux proposé dans ce jour,
Et dont Rome n'a pas désaprouvé l'amour.
Je ne vous dirai point ce que pourroit attendre
Un Roy, qui choisiroit Flaminius pour gendre.
Pensez-y; mon amour ne vous fait point de loi,
Et vous ne risquez rien ne refusant que moi;
Mon ame à vous servir n'en sera pas moins prête:
Mais par reconnoissance épargnez votre tête.
Ouy, malgré vos refus, & malgré ma douleur,
Je vous promets des soins d'une éternelle ardeur.
A present trop frapé des malheurs que j'an-
nonce,
Peut-être auriez-vous peine à me faire réponse.
Songez-y; mais sçachez qu'aprés cet entretien,
Je pars, si dans ce jour vous ne résoluez rien.

SCENE VI.

PRUSIAS *seul.*

Il aime Laodice! imprudente promesse?
Ah! sans toi, quel appui m'assuroit sa tendresse!

Dois-je vous immoler le sang de mes Sujets ?
Sermens qui l'exposez, & que l'orgueil a faits ?
Toi, dont j'admirai trop la fortune passée,
Sçauras-tu vaincre mieux ceux qui l'ont renversée ?
Abbatu sous le faix de l'âge & du malheur,
Quel fruit espere-tu d'une infirme valeur ?
Tristes réflexions, qu'il n'est plus tems de faire !
Quand je me suis perdu, la sagesse m'éclaire :
Sa lumiere importune, en ce fatal moment,
N'est plus une ressource, & n'est qu'un châtiment.
En vain s'ouvre à mes yeux un affreux précipice,
Si je ne suis un traître, il faut que j'y périsse.
Oüy ; deux partis encor à mon choix sont offerts,
Je puis vivre en infâme, ou mourir dans les fers.
Choisis, mon cœur. Mais quoi, tu crains la servitude,
Tu n'es déja qu'un lâche à ton incertitude.
Mais ne puis - je après tout balancer sur le choix ?
Impitoyable honneur, examinons tes droits.
Annibal a ma foy, faut - il que je la tienne,
Assûré de ma perte, & certain de la sienne ?
Quel projet insensé ! la raison & les Dieux
Me font-ils un devoir d'un transport furieux ?
O Ciel ! j'aurois peut-être au gré d'une chimere,
Sacrifié mon Peuple, & conclu sa misere.
Non, ridicule honneur, tu m'as en vain pressé ;
Non, ce Peuple t'échappe, & ton charme a cessé,
Le parti que je prens, dût - il même être infâme,
Sujets, pour vous sauver, j'en accepte le blâme.

Il faudra donc, grands Dieux ! que mes sermens
soient vains,
Et je vais donc livrer Annibal aux Romains ?
L'exposer aux affronts, que Rome lui destine ?
Ah ! ne vaut-il pas mieux resoudre ma ruine ?
Que dis-je ! mon malheur est-il donc sans retour ?
Non, de Flaminius sollicitons l'amour.
Mais Annibal revient, & son ame inquiette
Peut-être à pressenti ce que Rome projette.
Dissimulons.

SCENE VII.

PRUSIAS, ANNIBAL.

ANNIBAL.

J'Ai vû sortir l'Ambassadeur.
De quels ordres encor s'agissoit-il, Seigneur ?
Sans doute il aura fait des menaces nouvelles.
Son Sénat.......

PRUSIAS.

Il vouloit terminer vos querelles :
Mais il ne m'a tenu que les mêmes discours,
Dont vos longs differens interrompoient le cours.
Il demande la paix ; & m'a parlé sans cesse
De l'interêt que Rome a pris à la Princesse.
Il la verra peut-être ; & je vais de ce pas,
D'un pareil entretien, prévenir l'embaras.

SCENE VIII.

ANNIBAL *seul.*

IL fuit, je l'ai surpris dans une inquietude ;
Dont il ne me dit rien, qu'il cache avec étude.
Observons tout, la mort n'est pas ce que je
crains.
Mais j'avois esperé de punir les Romains,
Le succès étoit sûr, si ce Prince timide,
Prend mon experience, ou ma haine pour guide.
Rome, quoiqu'il en soit, j'attendrai que les
Dieux
Sur son sort & le mien, s'expliquent encore
mieux.

Fin du troisiéme Acte.

ACTE QUATRIEME.

SCENE PREMIERE.

LAODICE *seule.*

Uel agréable espoir vient me luire en ce jour !
Le Roy, de mon amant, approuve donc l'amour !
Auteur de mes sermens, il les romproit lui-même,
Et je pourrois sans crime épouser ce que j'aime.
Sans crime ! ah ! c'en est un, que d'avoir souhaité,
Que mon pere m'ordonne une infidelité.
Abjure tes souhaits, mon cœur ; qu'il te souvienne,
Que c'est faire des vœux pour sa honte & la mienne.
Mais que vois-je ? Annibal ?

SCENE II.

LAODICE, ANNIBAL.

ANNIBAL.

ENfin voici l'instant,
Où tout semble annoncer qu'un outrage m'attend.
Un outrage, grands Dieux! à ce seul mot, Madame,
Souffrez qu'un juste orgueil s'empare de mon ame.
Dans un pareil danger, il doit m'être permis,
Sans craindre d'être vain, d'exposer qui je suis.
J'ai besoin en un mot, qu'ici votre mémoire,
D'un malheureux Guerrier se rappelle la gloire;
Et qu'à ce souvenir votre cœur excité,
Redouble encor pour moi sa générosité.
Je ne vous dirai plus de presser votre pere
De tenir les sermens qu'il a voulu me faire.
Ces sermens me flatoient du bonheur d'être à vous.
Voilà ce que mon cœur y trouvoit de plus doux.
Je vois que c'en est fait, & que Rome l'emporte:
Mais j'ignore où s'étend le coup qu'elle me porte.
Instruisez Annibal; il n'a que vous ici,
Par qui de ses projets, il puisse être éclairci.
Des devoirs, où pour moi votre foy vous oblige,

Un aveu qui me sauve, est tout ce que j'exige.
Songez que votre cœur est pour moi dans ces
lieux
L'incorruptible ami, que me laissent les Dieux.
On vous offre un époux sans doute; mais j'i-
gnore
Tout ce qu'à Prusias Rome demande encore.
Il craint de me parler; & je vois aujourd'hui
Que la foy qui le lie, est un fardeau pour lui.
Et je vous l'avoûrai, mon courage s'étonne
Des desseins, où l'effroi peut-être l'abandonne.
Sans quelque tendre espoir qui retarde ma
main,
Sans Rome que je hais, j'assûrois mon destin.
Parlez, ne craignez point que ma bouche tra-
hisse
La faveur, que ma gloire attend de Laodice.
Quel est donc cet époux, que l'on vient vous
offrir?
Puis-je vivre? ou faut-il me hâter de mourir?

LAODICE.

Vivez, Seigneur, vivez; j'estime trop moi-
même
Et la gloire, & le cœur de ce Héros, qui m'aime,
Pour ne l'instruire pas; si jamais dans ces lieux
Quelqu'un lui réservoit un sort injurieux.
Oüy, puisque c'est à moi que ce Héros se li-
vre,
Et qu'enfin c'est pour lui que j'ai juré de vivre,
Vous devez être sûr, qu'un cœur tel que le
mien,
Prendra les sentimens qui conviennent au sien;
Et que me conformant à votre grand courage;
Si vous deviez, Seigneur, essuyer un outrage,
Et que la seule mort pût vous en garantir,
Mes larmes couleroient pour vous en avertir.
Mais

Mais votre honneur ici n'aura pas besoin
d'elle.
Les Dieux m'épargneront des larmes si cruelles.
Mon pere est vertueux, & si le sort jaloux
S'opposoit aux desseins qu'il a formés pour nous,
Si par de fiers Tyrans sa vertu traversée,
A faillir envers vous est aujourd'hui forcée,
Gardez-vous cependant de penser que son cœur
Pût d'une trahison, méditer la noirceur.

ANNIBAL.

Je vous entends. La main, qui me fut accordée;
Pour un nouvel époux, Rome l'a demandée.
Voilà quel est le soin que Rome prend de vous.
Mais, dites-moi, de grace, aimez-vous cet
époux ?
Vous faites-vous pour moi la moindre violence?
Madame, honorez-moi de cette confidence.
Parlez-moi sans détour, content d'être estimé,
Je me connois trop bien pour vouloir être
aimé.

LAODICE.

C'est à vous cependant que je dois ma tendresse.

ANNIBAL.

Et moi, je la refuse, adorable Princesse;
Et je n'éxige point qu'un cœur si vertueux,
S'immole, en remplissant un devoir rigou-
reux,
Que d'un si noble effort le prix soit un supplice.
Non, non, je vous dégage, & je me fais ju-
stice;
Et je rends à ce cœur, dont l'amour me fut dû,
Le pénible présent que me fait sa vertu.
Ce cœur est prévenu, je m'apperçois qu'il aime.
Qu'il suive son penchant, qu'il se donne lui-
même;
Si je le méritois, & que l'offre du mien

Pût plaire à Laodice, & me valoir le sien;
Je n'aurois consacré mon courage & ma vie;
Qu'à m'acquerir ce bien que je lui sacrifie.
Il n'est plus tems, Madame; & dans ce triste jour
Je serois un ingrat d'en croire mon amour.
Je verrai Prusias, résolu de lui dire,
Qu'aux desirs du Sénat son effroi peut souscrire :
Et je vais le presser d'éclaircir un soupçon,
Que mon ame inquiette a pris avec raison.
Peut-être cependant ma crainte est-elle vaine ?
Peut-être notre Hymen est tout ce qui le gène ?
Quoiqu'il en soit enfin, je remets en vos mains
Un sort livré peut-être aux fureurs des Romains.
Quand méme je fuirois, la retraite est peu sûre,
Fuïr, c'est en pareil cas donner jour à l'injure,
C'est enhardir le crime, & pour l'épouvanter,
Le parti le plus sûr c'est de m'y présenter.
Il ne m'importe plus d'être informé, Madame,
Du reste des secrets que j'ai lû dans votre ame;
Et ce seroit ici fatiguer votre cœur,
Que de lui demander le nom de son vainqueur.
Non; vous m'avez tout dit; en gardant le silence,
Et je n'ai pas besoin de cette confidence.
Je sors : si dans ces lieux on n'en veut qu'à mes jours,
Laissez mes ennemis en terminer le cours.
Ce malheur ne vaut pas que vous veniez me faire
Un trop pénible aveu des foiblesses d'un pere;
S'il ne faut que mourir, il vaut mieux que mon bras
Céde à mes ennemis le soin de mon trépas;
Et que de leur effroi victime glorieuse,

J'en assûre en mourant, la mémoire honteuse ;
Et qu'on sçache à jamais que Rome & son Sénat
Ont porté cet effroi jusqu'à l'assassinat.
Mais je vous quitte ; on vient.

LAODICE.

Seigneur, le tems me presse.
Mais quoique vous ayez pénétré ma foiblesse,
Vous m'estimez assez pour ne présumer pas
Qu'on puisse m'obtenir après votre trépas.

SCENE III.

LAODICE, FLAMINIUS.

LAODICE.

J'Ai crû trouver en vous une ame bienfaisante ;
De mon estime ici remplirez-vous l'attente ?

FLAMINIUS.

Oüy ; commandez ; Madame. Oserois-je douter
De l'équité des loix, que vous m'allez dicter ?

LAODICE.

On vous a dit à qui ma main fut destinée.

FLAMINIUS.

Ah ! de ce triste coup ma tendresse étonnée.....

LAODICE.

Eh bien, le Roy jaloux de ramener la paix ;
Dont trop long-tems la guere a privé ses Sujets,
En faveur de son peuple a bien voulu se rendre
Aux desirs, que par vous Rome lui fait entendre.
Notre Hymen est rompu.

FLAMINIUS.

Ah! je rends grace aux Dieux,
Qui détournent le Roy d'un dessein odieux.
Annibal me suivra sans doute? Mais, Madame,
Le Roy ne fait-il rien en faveur de ma flâme?

LAODICE.

Oüy, Seigneur; vous serez content à votre tour,
Si vous ne trahissez vous-même votre amour.

FLAMINIUS.

Moi, le trahir! ô Ciel!

LAODICE.

Ecoutez ce qui reste.
Votre emploi dans ces lieux à ma gloire est funeste.
Ce Héros qu'aujourd'hui vous demandez au Roy,
Songez, Flaminius, songez qu'il eut ma foy;
Que de sa sûreté cette foy fut le gage;
Que vous m'insulteriez en lui faisant outrage!
Les droits qu'il eut sur moi sont transportez à vous;
Mais enfin ce Guerrier dût être mon époux.
Il porte un caractere à mes yeux respectable,
Dont je lui vois toujours la marque ineffaçable.
Sauvez donc ce Héros; ma main est à ce prix.

FLAMINIUS.

Mais, songez-vous, Madame, à l'emploi que j'ai pris?
Pourquoi proposez-vous un crime à ma tendresse?
Est-ce de votre haine une fatale adresse?
Cherchez-vous un refus, & votre cruauté
Veut-elle ici m'en faire une nécessité?
Votre main est pour moi d'un prix inestimable.
Et vous me la donnez, si je deviens coupable.

Ah ! vous ne m'offrez rien.

LAODICE.

Vous vous trompez, Seigneur ;
Et j'en ai crû le don plus cher à votre cœur.
Mais à me refuser, quel motif vous engage ?

FLAMINIUS.

Mon devoir.

LAODICE.

Suivez-vous un devoir si sauvage ;
Qui vous inspire ici des sentimens outrez ;
Qu'un tyrannique orgueil ose rendre sacrez ?
Annibal chargé d'ans, va terminer sa vie.
S'il ne meurt outragé, Rome est-elle trahie ?
Quel devoir !

FLAMINIUS.

Vous sçavez la grandeur des Romains ;
Et jusqu'où sont portez leurs augustes Destins.
De l'Univers entier, & la crainte, & l'hommage
Sont moins de leur valeur le formidable ouvrage,
Qu'un effet glorieux de l'amour du devoir,
Qui sur Flaminius borne votre pouvoir.
Je pourrois tromper Rome ; un raport peu sincere
En surprendroit sans doute un ordre moins sévére ;
Mais je lui ravirois, si j'osois la trahir,
L'avantage important de se faire obéir.
Lui déguiser des Rois, & l'audace, & l'offense ;
C'est conjurer sa perte, & sapper sa puissance.
Rome doit sa durée aux châtimens vangeurs
Des crimes révélez par ses Ambassadeurs ;
Et par-là nos avis sont la source féconde
De l'effroi que sa foudre entretient dans le monde.
Et lorsqu'elle poursuit sur un Roy révolté,

Le mépris imprudent de son autorité ;
La valeur seulement acheve la victoire,
Dont un raport fidele a ménagé la gloire.
Nos austeres vertus ont mérité des Dieux....

LAODICE.

Ah! les consultez-vous, Romains ambitieux ?
Ces Dieux, Flaminius, auroient cessé de l'être,
S'ils vouloient ce que veut le Sénat votre Maître.
Son orgueil, ses succés sur de malheureux Rois,
Voilà les Dieux, dont Rome emprunte tous ses droits,
Voilà les Dieux cruels, à qui ce cœur austere
Immole son amour, un Héros, & mon pere ;
Et pour qui l'on répond que l'offre de ma main
N'est pas un bien que puisse accepter un Romain.
Cependant cet Hymen, que votre cœur rejette,
Méritez-vous, ingrat, que le mien le regrette ?
Vous ne répondez rien ?

FLAMINIUS.

C'est avec désespoir
Que je vais m'acquitter de mon triste devoir.
Né Romain, je gémis de ce noble avantage,
Qui force à des vertus d'un si cruel usage.
Voyez l'égarement où m'emportent mes feux.
Je gémis d'être né pour être vertueux.
Je n'en suis point confus. Ce que je sacrifie
Excuse mes regrets, ou plutôt les expie.
Et ce seroit peut-être une férocité,
Que d'oser aspirer à plus de fermeté.
Mais enfin, pardonnez à ce cœur, qui vous aime,
Des refus, dont il est si déchiré lui-même.
Ne rougiriez-vous pas de regner sur un cœur,
Qui vous aimeroit plus que sa foy, son honneur ?

LAODICE.

Ah ! Seigneur, oubliez cet honneur chimerique,
Crime, que d'un beau nom couvre la politique;
Songez qu'un sentiment, & plus juste, & plus doux,
D'un lien éternel va m'attacher à vous.
Ce n'est pas tout encor. Songez que votre amante
Va trouver avec vous cette union charmante;
Et que je souhaitois de vous avoir donné
Cet amour, dont le mien vous avoit soupçonné.
Vous devez aujourd'hui l'aveu de ma tendresse
Aux perils du Héros, pour qui je m'interesse.
Mais, Seigneur, qu'avec vous mon cœur s'est écarté
Des bornes de l'aveu qu'il avoit projetté !
N'importe ; plus je céde à l'amour qui m'inspire,
Et plus sur vous peut-être obtiendrai-je d'empire.
Me trompai-je, Seigneur ? ai-je trop présumé ?
Et vous aurois-je en vain si tendrement aimé ?
Vous soûpirez ? Grands Dieux ! c'est vous qui dans nos ames
Voulûtes allumer de mutuelles flâmes,
Contre mon propre amour en vain j'ai combattu ;
Justes Dieux ! dans mon cœur vous l'avez défendu.
Qu'il soit donc un bienfait, & non pas un supplice.
Oüy, Seigneur, qu'avec soin votre ame y réflechisse.
Vous ne prévoyez pas, si vous me refusez,

Jusqu'où vont les tourmens, où vous vous exposez :
Vous ne sentez encor que la perte éternelle,
Du bonheur où l'amour aujourd'hui nous appelle :
Mais l'état douloureux, où vous laissez mon cœur,
Vous n'en connoissez pas le souvenir vangeur.

FLAMINIUS.

Quelle épreuve !

LAODICE.

Ah ! Seigneur, ma tendresse l'emporte ?

FLAMINIUS.

Dieux ! que ne peut-elle être aujourd'hui la plus forte ?
Mais Rome . . . .

LAODICE.

Ingrat, cessez d'excuser vos refus.
Mon cœur vous garde un prix digne de vos vertus.

SCENE IV.

FLAMINIUS *seul.*

ELle fuit ; je soupire, & mon ame abbatuë ;
A presque perdu Rome, & son devoir de vûë.
Vil Romain, homme né pour les soins amoureux,
Rome est donc le joüet de tes transports honteux.

SCENE V.

PRUSIAS, FLAMINIUS.

FLAMINIUS.

PRince, vous seriez-vous flatté de l'espérance
De pouvoir par l'amour vaincre ma résistance?
Quand vous la combattez par des efforts si vains,
Sçavez-vous bien quel sang anime les Romains?
Sçavés-vous que ce sang instruit ceux qu'il anime,
Non à fuir, c'est trop peu, mais à haïr le crime;
Qu'à l'honneur de ce sang je n'ai point satisfait,
S'il s'est joint au soûpir au refus que j'ai fait.
Ce sont là nos devoirs; avec nous dans la suite
Sur ces instructions, reglez votre conduite.
A quoi donc à présent êtes-vous résolu?
J'ai donné tout le tems que vous avez voulu
Pour juger du parti que vous aviez à prendre.
Mais quoi! sans Annibal, ne pouvez-vous m'entendre?

SCENE VI.

PRUSIAS, ANNIBAL, FLAMINIUS.

ANNIBAL.

J'Interromps vos secrets; mais ne vous troublez pas,

Je sors, & n'ai qu'un mot à dire à Prusias.
Restez, de grace; il m'est d'une importance extrême,
Que ce qu'il répondra, vous l'entendiez vous-même.

à Prusias.

Laodice est à moi, si vous êtes Jaloux
De tenir le serment que j'ai reçû de vous.
Mais enfin ce serment pése à votre courage;
Et je voi qu'il est tems que je vous en dégage.
Jamais je n'éxigeai de vous cette faveur,
Et si vous aviez sçû connoître votre cœur,
Sans doute vous n'auriez osé me le promettre,
Et ne rougiriez pas de vous la voir remettre.
Mais il vous reste encor un autre engagement,
Qui doit m'importer plus que ce premier serment.
Vous jurâtes alors d'avoir soin de ma gloire;
Et quelque juste orgueil m'aida même à vous croire;
Puisqu'après tout, Seigneur, pour tenir votre foy,
Je vis que vous n'aviez qu'à vous servir de moi.
Comment penser d'ailleurs que vous seriez parjure,
Vous, qu'Annibal pouvoit payer avec usure;
Vous, qui si le sort-même eût trahi votre appui,
Vous assûriez l'honneur de tomber avec lui?
Vous me fuyez pourtant; le Sénat vous menace,
Et de vos procedez la raison m'embarasse.
Seigneur, je suis chez vous, y suis-je en sûreté?
Ou bien y dois-je craindre une infidelité?

PRUSIAS.

Ici? n'y craignez rien, Seigneur.

ANNIBAL.

Je me retire.
C'en est assez ; voilà ce que j'avois à dire.

SCENE VII.

FLAMINIUS, PRUSIAS.

FLAMINIUS.

Ce que dans ce moment vous avez répondu,
M'apprend trop qu'il est tems . . . . . .

PRUSIAS.

J'ai dit ce que j'ai dû.
Arrêtez. Le Senat n'aura point à se plaindre.

FLAMINIUS.

Eh! Comment Annibal n'a-t-il plus rien à craindre ?
Que pensez-vous ?

PRUSIAS.

Seigneur, je ne m'explique pas,
Mais vous serez bientôt content de Prusias.
Vous devrez l'être aux moins.

SCENE VIII.

FLAMINIUS *seul.*

Quel est donc ce mistere,
Dont à m'instruire ici sa prudence differe ?
Quoiqu'il en soit, ô Rome! approuve que mon cœur
Souhaite que ce Prince échape à son malheur.

Fin du quatriéme Acte.

ACTE CINQUIEME.

SCENE PREMIERE.

PRUSIAS, HIERON.

PRUSIAS.

JE vais donc retracter la foy que j'ai donnée ;
Peut-être d'Annibal trancher la destinée.
Dieux ! quel coup va fraper ce Héros malheureux !

HIERON.

Non, Seigneur, Annibal a le cœur généreux.
Du courroux du Sénat la nouvelle est semée.
On sçait que l'ennemi forme une double armée.
Le peuple épouventé murmure, & ce Héros
Doit, en se retirant, faire notre repos :
Et vous verrez, Seigneur, Flaminius souscrire
Aux doux temperamens que le Ciel vous inspire.

PRUSIAS.

Mais si l'Ambassadeur le poursuit, Hieron ?

HIERON.

Eh, Seigneur, éloignez ce scrupuleux soupçon.
Des fautes du hazard êtes-vous responsable ?
Mais le voici.

PRUSIAS.

Grands Dieux ! sa présence m'accable,
Je me sens pénétré de honte & de douleur :

HIERON.

C'est la faute du sort, & non de votre cœur.

SCENE II.

PRUSIAS, ANNIBAL, HIÉRON.

PRUSIAS.

ENfin voici le tems de rompre le silence ;
Qui porte vôtre esprit à tant de méfiance ?
Depuis que dans ces lieux vous étes arrivé,
Seigneur, tous mes sermens vous ont assez prouvé
L'amitié, dont pour vous mon ame étoit remplie,
Et que je garderai le reste de ma vie.
Mais un coup imprévû retarde les effets
De ces mémes sermens que mon cœur vous a faits.
De toutes parts sur moi mes ennemis vont fondre,
Le sort méme avec eux travaille à me confondre,
Et semble leur avoir indiqué le moment,
Où leurs armes pourront triompher sûrement.
Artamene est vaincu, sa défaite est entiere.

Mais la gloire, Seigneur, en eſt ſi meurtriere ;
Tant de ſang fut verſé dans nos derniers combats
Que la victoire-même affoiblit mes Etats.
A mes propres malheurs je ſerois peu ſenſible ;
Mais de mon peuple entier la perte eſt infaillible.
Je ſuis ſon Roy, les Dieux qui me l'ont confié,
Veulent qu'à ſes périls céde notre amitié.
De ces périls, Seigneur, vous ſeul êtes la cauſe.
Je ne vous dirai point ce que Rome propoſe.
Mon cœur en a frémi d'horreur & de courroux;
Mais enfin nos Tyrans ſont plus puiſſans que nous.
Fuyez pour quelque tems, & conjurons l'orage,
Eſſayons ce moyen pour rallentir leur rage,
Attendons que le Ciel plus propice à nos vœux,
Nous mette en liberté de nous revoir tous deux,
Sans doute qu'à vos yeux Pruſias excuſable,
N'aura point . . . .

ANNIBAL.

Oüy, Seigneur, vous êtes pardonnable.
Pour ſurmonter l'effroi dont il eſt abbatu,
Sans doute votre cœur a fait ce qu'il a pû.
Si malgré ſes éforts tant d'épouvente y régne,
C'eſt de moi, non de vous, qu'il faut que je me plaigne.
J'ai tort; & j'aurois dû prévoir que mon Deſtin
Dépendroit avec vous de l'aſpect d'un Romain.
Mais je ſuis libre encor, & ma folle eſperance
N'avoit pas mérité de vous tant d'indulgence.

PRUSIAS.

Seigneur, je le voi bien, trop coupable à vos yeux . . . .

ANNIBAL.

Voilà ce que je puis vous répondre de mieux.
Mais voulez-vous m'en croire ? oublions l'un & l'autre
Ces ſermens que mon cœur dût refuſer du vôtre.

Je me suis crû prudent, vous présumiez de vous,
Et ces mêmes sermens déposent contre nous.
Ainsi n'y pensons plus. Si Rome vous menace,
Je pars, & ma retraite obtiendra votre grace.
En violant les droits de l'hospitalité,
Vous allez du Sénat rappeller la bonté.

PRUSIAS.

Que sur nos ennemis votre ame moins émûë;
Avec attention daigne jetter la vûë.

ANNIBAL.

Je changerai beaucoup, si quelque Legion,
Qui loin d'ici s'assemble avec confusion,
Si quelques Escadrons déja mis en déroute,
Me paroissent jamais dignes qu'on les redoute.
Mais, Seigneur, finissons cet entretien fâcheux;
Nous voïons ces objets differemment tous deux.
Je pars; pour quelque tems cachez-en la nouvelle

PRUSIAS.

Oüy, Seigneur; mais un jour vous connoîtrez mon zele.

SCENE III.

ANNIBAL *seul.*

TOn zele! homme sans cœur, esclave couronné.
A quels Rois l'Univers est-il abandonné?
Tu les charge de fer, ô Rome! & je l'avoüë,
Leur bassesse en effet merite qu'on t'en loüë.
Mais tu pars, Annibal. Imprudent! où vas-tu?
Cet infidelle Roy ne t'a-t-il pas vendu,
Il n'en faut point douter, il médite ce crime;

Mais le lâche, qui craint les yeux de sa victime,
Qui n'ose s'exposer à mes regards vangeurs,
M'écarte avec dessein de me livrer ailleurs.
Mais qui vient ?

SCENE IV.

LAODICE *avec un mouchoir dont elle essuye ses pleurs*, ANNIBAL,

ANNIBAL.

AH c'est vous, généreuse Princesse.
Vous pleurez, votre cœur accomplit sa promesse.
Les voilà donc ces pleurs, mon unique secours,
Qui devoient m'avertir du péril que je cours.

LAODICE.

Oüy, je vous rends enfin ce funeste service ;
Mais de la trahison le Roy n'est point complice.
Fidelle à votre gloire, il veut la garantir :
Et cependant, Seigneur, gardez-vous de partir,
Quelques avis certains m'ont découvert qu'un traitre
Qui pense qu'un forfait obligera son Maître,
Qu'Hieron en secret informe les Romains,
Qu'en un mot vous risquez de tomber en leurs mains.

ANNIBAL.

Je dois beaucoup aux Dieux, ils m'ont comblé de gloire,
Et j'en laisse après moi l'éclatante mémoire.
Mais de tous leurs bienfaits le plus grand, le plus doux,

C'est

C'est ce dernier secours qu'ils me laissoient en
vous.
Je vous aimois, Madame, & je vous aime
encor,
Et je fais vanité d'un aveu qui m'honore.
Je ne pouvois jamais esperer de retour;
Mais votre cœur me donne autant que son amour.
Eh, que dis-je? l'amour vaut-il donc mon partage?
Non, ce cœur généreux m'a donné davantage;
J'ai pour moi sa vertu, dont la fidelité
Voulût même immoler le feu qui l'a flatté.
Eh quoi! vous gémissez, vous répandez des
larmes.
Ah! que pour mon orgueil vos regrets ont de
charmes!
Que d'estime pour moi me découvrent vos
pleurs!
Est-il pour Annibal de plus dignes faveurs?
Cessez pourtant, cessez, d'en verser Laodice;
Que l'amour de ma gloire à présent les tarisse.
Puisque la mort m'arrache aux injures du sort,
Puisque vous m'estimez, ne pleurez pas ma mort.

LAODICE.

Ah! Seigneur, cet aveu me glace d'épouvente.
Ne me présentez point cette image sanglante.
Sans doute que le Ciel m'a dérobé l'horreur
De ce funeste soin que vous devoit mon cœur.
Si le terrible effet en eût frappé ma vûë,
Ah! jamais jusqu'ici je ne serois venuë.

ANNIBAL.

Non, je vous connois mieux, & vous vous
faites tort.

LAODICE.

Mais, Seigneur, permettez que je fasse un éfort,
Qu'auprès du Roy . . . .

ANNIBAL.

Madame il seroit inutile ;
Les momens me sont chers, je cours a mon azile.

LAODICE.

A votre azile ! ô Ciel ! Seigneur, où courez-vous ?

ANNIBAL.

Mériter tous vos soins.

LAODICE.

Quelle honte pour nous. ?

ANNIBAL.

Je ne vous dis plus rien ; la vertu quand on l'aime,
Porte de nos bienfaits le salaire elle-méme.
Mon admiration, mon respect, mon amour ;
Voilà ce que je puis vous offrir en ce jour.
Mais vous les méritez. Je suis, quelqu'un s'avance.
Adieu, chere Princesse.

SCENE V.

LAODICE *seule.*

O Ciel ! quelle constance ?
Tes devoirs tant vantez, Ministre des Romains,
Etoient donc d'outrager le plus grand des humains ?
De quel indigne amant mon ame possedée,
Avec tant de plaisir, gardoit-elle l'idée

SCENE VI.

LAODICE, FLAMINIUS, FLAVIUS.

FLAMINIUS.

EH quoi! vous me fuyez, Madame?

LAODICE.

Laiſſez-moi.
Hâtez-vous d'achever votre barbare emploi:
Portez les derniers coups à l'honneur de mon pere.
Des Dieux que vous bravez méritez la colere.
Mes pleurs vont les preſſer d'accorder à mon cœur
Le pardon d'un penchant, qui doit leur faire horreur.

SCENE VII.

FLAMINIUS, FLAVIUS.

FLAMINIUS.

IL me ſeroit heureux de l'ignorer encore;
Cet aveu d'un penchant que votre cœur abhorre.
Pourſuivons mon deſſein, Flavius va ſçavoir,
Si ſans aucun témoin Annibal veut me voir.

SCENE VIII.

FLAMINIUS *seul.*

J'Ai satisfait aux soins que m'imposoit ta cause;
Souffre ceux qu'à son tour la vertu me propose,
Rome! laisse mon cœur favoriser ses feux,
Quand sans crime il peut être, & tendre, & généreux.
Je puis, sans t'offenser, prouver à Laodice;
Que s'il m'est défendu de lui rendre un service,
Sensible cependant à sa juste douleur,
Du soin de l'adoucir j'occupe encor mon cœur.
Annibal vient, ô Ciel! ce que je sacrifie;
Vaut bien qu'à me ceder ta bonté le convie.
Le motif qui m'engage à le persuader,
Est digne du succès que j'ose demander.

SCENE IX.

ANNIBAL, FLAMINIUS.

FLAMINIUS.

SEigneur, puis-je esperer qu'oubliant l'un & l'autre,
Tout ce qui peut aigrir mon esprit & le vôtre;
Et que nous confiant en hommes généreux
L'estime qu'après tout nous méritons tous deux,

Vous voudrez bien ici que je vous entretienne
D'un projet, qui pour vous vient de former la mienne.

ANNIBAL.

Seigneur, si votre estime a conçû ce projet;
Fût-il vain, je le tiens déja pour un bienfait.

FLAMINIUS.

Ce que Rome en ces lieux m'a commandé de faire
Pour Annibal peut-être est encore un mistere:
Seigneur, je viens ici vous demander au Roy,
Vous n'en devez pas être irrité contre moi.
Tel étoit mon devoir, je l'ai fait avec zele,
Et vous m'approuverez d'avoir été fidele,
Prusias retenu par son engagement,
A crû *qu'il suffiroit* de votre éloignement.
Il a pensé que Rome en seroit satisfaite,
Et n'éxigeroit rien après votre retraite.
Je pouvois l'accepter, & vous ne doutez pas;
Qu'il ne me fût aisé d'envoyer sur vos pas;
D'autant plus qu'Hieron, aux Romains de ma suite,
Promet de réveler le jour de votre fuite.
Mais, Seigneur, le Sénat veut bien moins vous avoir,
Qu'il ne veut que le Roy fasse ici son devoir;
Et l'Univers jaloux de qui l'œil nous contemple,
De sa soûmission auroit perdu l'éxemple.
J'ai donc refusé tout, & Prusias alors,
Après avoir tenté d'inutiles efforts,
Pour me donner enfin sa réponse précise;
Ne m'a plus demandé qu'une heure de remise,
Seigneur, je *suis certain du parti* qu'il prendra;
Et ce Prince en un mot, vous abandonnera.
S'il demande du tems, ce n'est pas qu'il hesite;
Mais de son embarras il se fait un mérite;

Il croit que vous serez content de sa vertu ;
Quand vous sçaurez combien il aura combattu.
Et vous que jusques-là le Destin persecute ,
Tombez, mais d'un Heros ménagez-vous la chûte.
Vous l'êtes , Annibal , & l'aveu m'en est doux.
Pratiquez les vertus,que ce nom veut de vous.
Voudriez - vous attendre ici la violence.
Non, non ; qu'une superbe & pleine confiance ;
Digne de l'ennemi que vous vous êtes fait ,
Que vous honorerez par ce généreux trait ;
Vous invitant à fuir des retraites peu sûres ,
Où vous deviez, Seigneur, présager vos injures,
Vous guide jusqu'à Rome, & vous jette en des bras
Plus fidelles pour vous que ceux de Prusias.
Voilà, Seigneur, voilà la chûte la plus fiere,
Que puisse se choisir votre audace guerriere.
A votre place enfin , voilà le seul écueil ,
Où même en se brisant,se maintient votre orgueil.
N'hesitez point, venez ; achevez de connoître
Ces vainqueurs,que déja vous estimez peut être,
Puisqu'autrefois,Seigneur,vous les avés vaincus.
C'est pour vous honorer une raison de plus.
Montrez-leur Annibal ; qu'il vienne les convainc
Qu'un si noble vaincu méritât de les vaincre.
Partons sans differer, venez les rendre tous
D'une action si noble admirateurs jaloux.

ANNIBAL.

Oüy , le parti sans doute est glorieux à prendre,
Et c'est avec plaisir que je viens de l'entendre.
Il m'oblige. Annibal porte en effet un cœur
Capable de donner ces marques de grandeur ;
Et je croi vos Romains, même après ma défaite,

Dignes que dans leurs murs je fisse ma retraite.
Il ne me restoit plus, persecuté du sort,
D'autre azile à choisir que Rome, ou que la mort.
Mais enfin c'en est fait, j'ai crû que la derniere
Avec assez d'honneur finissoit ma carriere.
Le secours du poison . . . .

FLAMINIUS.

Je l'avois présenti.
Du Héros désarmé c'est le dernier party.
Souffrez qu'un Romain, dont l'estime est sincere
Regrette ici l'honneur que vous pouviez nous faire.
Le Roy s'avance, ô Ciel! sa fille en pleurs le suit.

SCENE X. & derniere.

TOUS LES ACTEURS.

PRUSIAS *à Annibal.*

SEigneur, seroit-il vrai ce qu'Amilcar nous dit;

ANNIBAL.

Prusias, car enfin, je ne crois pas qu'un homme,
Lâche assez pour n'oser désobéir à Rome,
Infidelle à son rang, à sa parole, à moi,
Espere qu'Annibal daigne en lui voir un Roy.
Prusias, pensez-vous que ma mort vous délivre
Des hazards, qu'avec moi vous avez craint de suivre?
Quand même vous m'eussiez remis entre ses mains,
Quel fruit en pouviez-vous attendre des Romains?
La paix? vous vous trompiez. Rome va vous apprendre.

Qu'il faut la mériter pour oser y prétendre ;
Non, non, de l'épouvente esclave declaré,
A des malheurs sans fin vous vous êtes livré.
Que je vous plains ! je meurs, & ne perds que la vie.

à la Princesse.

Du plus grand des malheurs vous l'avez garantie,
Et j'expire honoré des soins de la vertu.
Adieu, chere Princesse.

LAODICE *à Flaminius.*

Enfin Rome a vaincu.
Il meurt, & vous avez consommé l'injustice ;
Barbare, & vous osiez demander Laodice.

FLAMINIUS.

Malgré tout le courroux qui trouble votre cœur,
Plus équitable un jour, vous plaindrez mon malheur.
Quoique de vos refus ma tendresse soûpire,
Ils ont droit de paroître, & je dois y souscrire.
Hélas un doux espoir m'amena dans ces lieux,
Je ne suis point coupable, & j'en sors odieux.

Fin du cinquiéme & dernier Acte.

APPROBATION.

J'Ai lû par l'ordre de Monseigneur le Garde des Sçeaux, la Tragedie d'*Annibal*, où je n'ai rien trouvé qui puisse en empêcher l'impression. A Paris le 4. Mars 1727.

BLANCHARD.

www.ingramcontent.com/pod-product-compliance
Lightning Source LLC
LaVergne TN
LVHW010030230826
846091LV00005B/1658

9782011944825